파티룸창업 자주묻는질문 50가지

도정국 · 윤영현 · 장영광 · 임원재 지음

청춘미디어

파티앤강변 대표
도정국

  안녕하세요. 세계 여러나라를 돌아다니면서 파티룸에 대한 수요을 알게 되었고 좋은 기회가 있어서 한국에서 파티룸이 가능하다는 사실을 알게 되었습니다. 코로나와 더불어 모임의 기회가 많아지면서 분명히 이와 관련된 사업이 앞으로 유망해질라 판단을 했습니다. 이에 다양한 입지와 그동안의 경험들을 되살려 윤영현 대표님 장영광 대표님, 임원재 회계사님과 함께 한국에서 제대로 된 파티룸 문화를 만들어보고자 파티앤 강변을 시작하게 되었습니다. 앞으로 전국을 넘어서 전세계에 제대로 된 파티룸을 만들어보는 것을 목표로 진행해보도록 하겠습니다.

파티앤강변 대표
윤영현

저는 대기업 유통쪽에 약 13년간 재직 하면서 파티앤강변 창업 후 회사를 퇴사하고 현재 파티룸 프랜차이즈 사업에 올인하고 있습니다. 최근 직장인들 가운데 떠오르는 관심사는 '투잡'인 것 같습니다. 그 만큼 뭔가 불안하다는 것을 내포하고 있습니다. 저는 직장을 다니면서, 온라인 마케팅 전문 장영광 대표님, 수익률 분석 전문 공인회계사 임원재 회계사님과 함께 파티룸 공동창업을 준비해서 네이버 카페 운영, 유튜브 채널 개설, 프랜차이즈 창업 박람회 참가, 책 출판, 강의까지 올 수 있게 되서 지금까지 참 감사한 여정이였습니다. 지난 수 년간 창업 아이템을 찾아 다녔는데, 파티룸이라는 비대면 창업아이템을 발견하고 프랜차이즈화 시켜서 사업화를 진행하고 있습니다. 파티룸은 코로나19와 공존하는 현 시대에 가장 좋은 창업 아이템으로 확신하며, 비대면 반자동 시스템으로 누구나 창업 가능한 아이템입니다. 제가 프랜차이즈로 시작 한 이유는 이러한 좋은 아이템을 본사에서 반자동 시스템화를 만들고 그

시스템을 가지고 본사와 가맹점간 서로 상생을 통해 윈윈하고자 합니다. 말로만 상생이 아닌, 진짜 협력하며 상생하는 파티룸 프랜차이즈 회사를 만들 수 있도록 더욱 노력하겠습니다. 코로나19 및 불경기 여파로 공실의 어려움을 겪고 계신 분들에게 파티룸이 좋은 돌파구가 될 것이라 생각합니다. 이 책이 그 돌파구를 찾는데 도움되기를 바랍니다.

파티앤강변 대표
장영광

  안녕하세요 파티앤강변 마케팅 담당 장영광대표입니다. 1인 기업에 대한 아이템을 고민하면서 기존에는 온라인 위주의 사업만 집중했습니다. 하지만 점점 오프라인에 대한 수요가 많아지고 이에 대한 대비책을 마련하고자 오프라인 아이템을 알아보면서 100가지가 넘는 아이템을 기준을 정해 점검했습니다.

  첫 번째 유행을 타지 않을 것, 두 번째 재고가 없고 유지비용이 적게 들며 매몰비용이 없을것, 세 번째, 외부 플랫폼 외부 환경에 흔들리지 않는 마케팅을 할 수 있을 것, 이러한 조건을 가지고 창업 아이템을 살펴보다보니 파티룸이라는 아이템을 알게 되었고 2020년 6월 오픈이후 4개월째 흑자 운영을 하고 있습니다. 또한 실내 놀이문화가 늘어나면서 파티룸사업도 계속해서 수요가 늘어나는 것을 실감하고 있습니다. 마케팅 측면에서도 가장 중요한 수요와 공급의 측면에서 파티룸 마케팅은 아직 공급자 우위의 시장으로 수요에 비해서 공급이 충분하지 않으며 진입이 쉽지 않은 시장인 것은 확실합니다. 이에 앞으로도 파티룸 운영을 하실분들을 위한 파창사라는 카페를 만들고 운영하면서 자주 들었던 질문들을 정리해서 이렇게 출판을 하게 되었습니다. 현재 상가나 건물을 가지고 있는데 공실이 있는분들에게는 아주 유용한 아템이 될거라 확신하며 이 책을 끝까지 읽어나가시면 파티룸에 대한 궁금증 99%는 해결되리라 확신합니다.

파티앤강변 대표
임원재 회계사

 파티룸 창업을 함께한 윤영현 대표님과 장영광 대표님께서 처음 파티룸 창업에 동참해 줄 것을 요청해 주셨을 때가 기억나네요. 파티룸이라는 아이템에 대해서 알게되고 시장조사를 하고 오래되지 않은 기간이지만 참 많은 일들이 있었습니다. 적당한 장소 물색을 위해 여의도부터 마포, 당산, 구의까지 임장도 여러차례 다녔고 인테리어를 고민하기 시작하고 비품목록을 작성하여 주문, 수령하고 첫 매출이 나오기까지 쉽지만은 않은 시간들이었습니다. 실제 사업을 해 본 마케팅전문가, 프랜차이즈 업계에 오래 몸담은 프랜차이즈 전문가, 필드에서 다년간 회계/세무 업무를 수행한 공인회계사까지... 전문가들이 붙었음에도 여러 시행착오가 있었습니다. 창업의 과정에서 다야한 문제들과 시행착오를 앞으로 창업할 많은 분들과 공유하자는 취지에서 카페도 만들고 유튜브 영상도 찍어 올렸습니다. 그리고 다른 창업자 분들과 소통하면서 필요했던 내용들을 엮어 이렇게 출판까지 진행하게 됐네요. 처음 파티룸 창업을 준비하면서 막막함을 느끼셨다면 또는 파티룸 창업에 대해 관심이 있으시다면 이 책은 파티룸 창업 및 운영에 이르기까지 전반적인 그림을 볼 수 있는 길잡이 역할을 할 것입니다.

목차

프롤로그 6

01 파티룸 창업은 대체 뭔가요? 20

02 창업을 처음하는데, 파티룸 고객 타겟 설정은 어떻게 하나요? 22

03 예상 월매출 구하는 방법? 24

04 월 평균비용 구하는 방법? 26

05 파티룸에 적절한 입지 및 부동산은 어떻게 구하나요? 28

06 파티룸 홍보용 블로그 체험단은 어떻게 모집 및 운영을 하나요? . . 32

07 파티룸 가구 배치를 어떻게 해야 더 좋은 포토존을 만들까요? . . . 36

08 내부 인테리어 진행은? 38

09 인테리어 업체 선정하기 42

10 마음에 드는 상가의 높이가 2.6m정도인데, 높이를 4m가량으로 높이면 충분히 파티룸의 높이감이 나오는지 혹시 알 수 있을까요?46

11 파티룸 예약 중 어떤 목적이 가장 많은가요? 48

12 파티룸에서 필요한 유료옵션과 무료옵션은 무엇이 있을까요? . . . 50

13 자주 사용하는 브라이덜샤워 소품은 뭐가 있나요? 54

14 주거용 오피스텔에서 파티룸을 해도 될까요?. 56

15 파티룸 창업도 정부지원금 받을 수 있나요?. 60

16 파티룸에도 진상 고객이 있나요? 62

17 파티룸 청소년도 예약 가능한가요?. 64

18 파티룸 창업 어떻게 시작해야 효율적인가요?. 66

19 파티룸 입지를 찾는 방법은 어떨까요?................. 70

20 파티룸 청소와 CCTV 어떻게 하나요?................. 74

21 파티룸에 노래방 기계, 안마의자 보드게임등을 두는 것은 어떤가요?
.... 76

22 파티룸은 숙박업으로 사업자 등록을 내나요?........... 78

23 파티룸 창업은 서울이 아닌 수도권, 지방에서도 가능할까요? 80

24 파티룸 손님들 주차는 어떻게 하나요?................. 82

24 직장인도 파티룸 창업할 수 있을까요?................. 84

26 기존 에어비앤비 방을 파티룸으로 변경해도 수요가 있을까요? 88

26 파티룸에서 가장 중요한건 인테리어 인가요? 마케팅인가요? 90

28 오피스텔 VS 파티룸 92

29 파티룸 마진율은 얼마인가요? 94

30 파티룸을 창업하는데 가장 중요한 요소는? 98

31 파티룸 슬리퍼 상권이 무엇인가요?. 102

32 파티룸 준비하면서 가장 어려움이 예상되는 것은 무엇이 있을까요?

. . . . 104

33 파티룸 인테리어를 할 때 가장 중요한 것은 무엇인가요?. . . 106

34 파티룸 창업 지원금은 따로 없나요? 108

35 파티룸 예상 잠재 고객은 누가 있을까요? 110

36 파티룸 마케팅에서 조심해야하는 것은 무엇인가요?. 112

37 파티룸 운영에 필요한 플랫폼은 어떤 것이 있나요? 114

38 실제 후기를 늘리려면 어떻게 해야하나요? 116

39 파티룸 수익 구조에 적합한 운영전략은 어떻게 되나요? . . . 118

40 파티룸 창업이 인기 있는 이유가 무엇인가요? 120

부록 파티룸 유튜브

Question

01

파티룸 창업은 대체 뭔가요?

파티룸은 공유경제의 한 측면으로서 과거에는 연습실, 스터디룸, 키즈카페의 단순 공간 임대 사업에서 현재는 브라이더 샤워, 베이비 샤워, 강남홍대 여의도오피스텔등을 활용한 파티룸등으로 진화를 한 형태입니다. 시간당 비용을 받으며 보통 4시간단위로 대여를 해주며 오후나 밤, 올나잇 세 개의 형태로 나눠서 진행을 하곤 합니다. 아래 영상을 보시면 이해가 되시리라 생각합니다.

참고)

파티룸창업1탄_파티룸창업 대체 어떻게 시작하나요?

https://www.youtube.com/watch?v=Yc4Qw4Netdw

파티룸창업2탄_파티룸 입지는 어떤곳에 해야할까요?

https://youtu.be/E8kiaSpVMZk

파티룸창업3탄_파티룸창업 과거vs현재vs미래 어떻게 변할까요?

https://youtu.be/jMHKSV9g-oM

Question

02

창업을 처음하는데, 파티룸 고객 타겟 설정은 어떻게 하나요?

파티룸 고객 사전 조사 및 실제 운영을 해보니 파티룸 주요 타겟은 2030여성입니다. 여성 타겟을 기준으로 내 파티룸의 최대 수용인원을 기준으로 고객을 정하면 됩니다. 예를 들어 파티앤 강변의 경우 8명이 최대 수용인원이기에 대기업의 연수나 피로연으로는 부적합하지만 소소한 생일 파티, MT, 브라이덜 샤워는 충분히 가능합니다. 파티앤 강변에서 창업시 적정한 인원 및 타겟 설정하는 두가지 방법이 있습니다. 첫 번째, 키워드 검색 네이버 키워드 검색창 및 키워드광고에 '지역명 + 파티룸'을 검색 후 리뷰 확인 및 키워드 조회수를 검색합니다. 두 번째, 인스타 그램에 지역명 + 파티룸을 검색하고 해당 게시물 사진 개수를 파악하여 수요를 미리 파악해봅니다. 이 두가지 방법은 온라인에서 가능한 방법이고 오프라인에서는 실제 오픈할 지역 파티룸에 예약을 하고 몇 명이나 입장이 가능한지 파악을 하는 작업이 필요합니다.

Question

03

예상 월매출 구하는 방법?

A. N × R × P
* N : 월간 대여 가능한 타임별 횟수
* R : 예상 사용률(추정)
* P : 가격

예를 들어서 평일 일 수가 한 달에 22일이고, 주말 일 수가 8일이라고 가정해보겠습니다. 평일 낮타임의 사용료가 6만원이고 예상 사용률이 30%라고 가정하면 월간 평일 낮타임은 한 달에 39만6천원(=22일×30%×6만원)의 매출이 발생합니다. 이런 식으로 간단히 아래와 같이 계산해보면 금방 구하실 수 있습니다.(예시일 뿐이므로 참고만 하세요)

구분	횟수(N)	사용률(R)	가격(P)	예상매출액 (= N x R x P)
평일 주간	22	30%	60,000원	396,000원
평일 야간	22	50%	100,000원	1,100,000원
주말 주간	8	70%	900,000원	504,000원
주말 야간	8	80%	150,000원	960,000원
합계				2,960,000 원

Question

04

월 평균비용
구하는 방법?

　월 평균비용은 산정은 먼저 고정비 요소를 계산합니다. 월세와 관리비, 통신비 그리고 기타 인건비 등 매출과 상관없이 매달 발생하는 비용을 집계하시면 됩니다. 그 다음 변동비 예상액을 작성해야 되는데요. 스페이스 클라우드를 사용한다면 수수료로 10%를 내야 하므로 매출이 약 300만원 정도 나왔다고 가정했을 때 30만원정도의 수수료가 발생합니다. 여기에 매달 들어가는 소모품(쓰레기봉지, 휴지, 종이컵 등 일회용품) 구매내역과 사용량 바탕으로 비용을 계산하시면 됩니다. 그 외에 체험단 등 마케팅비용을 산정하여 합산하면 월 평균비용이 산출됩니다. 추가로 원가절감을 위해서는 규모의 경제를 활용하여 공동으로 사용할 수 있는 항목들을 늘려나가야 합니다. 청소할 직원을 고용하여 같이 고용하면 혼자서 고용하는 것보다 부담을 줄일 수 있고, 마케팅도 하나의 브랜드로 하여 최적화한다면 훨씬 적은 비용으로 많은 매출을 달성할 수 있습니다.

Question

05

파티룸에 적절한 입지 및 부동산은 어떻게 구하나요?

 파티룸 창업 시 가장 중요한 부분이 어느장소에 파티룸을 선택할지 정하는 '파티룸 입지 선택'이 가장 중요합니다. 왜냐하면 인테리어 및 기타 소품은 비용을 들이면 변경이 가능하지만 부동산 입지는 한번 정하면 변경이 불가능하기 때문에 위치선정이 가장 중요합니다.

 서울기준으로 말씀드리면 고객들이 대중교통으로 접근이 용이한 지역이 파티룸 하기 좋은 입지입니다. 현재 9호선 당산역, 5호선 여의도역, 2호선 홍대,합정역, 7호선 신논현역 등 지하철 역세권 인근에 파티룸이 많이 분포되어 있습니다.

 최근에는 오피스텔에 파티룸이 많이 생기고 있는데, 해당 건물에 주거용 오피스텔이 많으면 소음문제로 올나잇 고객을 받지 못하는 경우도 있으니, 오피스텔은 주거용 비율이 대략 어

느정도 되는지 관리사무실 등에 확인해야 합니다. 부동산을 잘 구하는게 중요합니다. 비슷한 이용인원의 파티룸이면, 월세가 적은 파티룸이 수익률이 좋겠죠. 타겟인원 설정과 수익구조에 대한 분석을 맞춰야 부동산 비용을 계산할 수 있습니다. 서울 기준 실평수 약 10평대 오피스텔은 보증금 1,000만원 / 월세 60~90만원대 매물을 구하실 수 있습니다.

 부동산을 구하는 온라인 채널은 직방, 다방, 네모, 네이버 부동산, 피터팬의 좋은 방구하기가 있습니다. 하지만 온라인에는 업로드 되어 있지 않은 매물도 많기 때문에, 원하는 지역을 직접 가보고 부동산도 많이 가보는 것을 추천합니다. 또한 원하는 평수, 월세 등 부동산 공인중개사에게 구체적인 조건을 말해줘야 서로 시간낭비를 줄일 수 있습니다. 부동산은 발품 파는게 정말 중요합니다. 시간을 내서 많이 다녀 보시면 좋은

매물을 잡으실 수 있습니다.

참고)

파티룸창업4탄_파티룸창업 대체 어떻게 시작하나요?(파창사)

https://youtu.be/6JEVLl6wpeo

파창사창업 파티룸 세미나 맛보기 1탄) 윤대표님의 파티룸은 이런것이다!

https://youtu.be/8wGCpEs_U54

파창사 파티룸 창업의 최종 목표는? 착한 건물주입니다

https://youtu.be/Ca0AwzWUOb4

Question

06

**파티룸 홍보용
블로그 체험단은
어떻게 모집
및 운영을 하나요?**

 파티룸 운영에 있어서 가장 중요한 것은 마케팅이라고 생각합니다. 블로그 체험단은 모집에서 이용, 후기 업로드까지 최소 4주정도 걸립니다. 처음하시는분들은 + 2주정도 생각해야 합니다. 체험단에는 두가지가 있는데 현장 방문해서 사진 촬영후 진행하는 체험단의 경우, 명당 3~4만원이라고 생각하시면 되고 사진을 내가 보내주는 조건으로 블로그에 올려주는 조건은 작가형 포스팅의 경우 1만원이내면 됩니다. 추천드리는 체험단은 일정금액을 내고 지속적으로 리뷰를 할수 있는 클라우드 리뷰를 추천드립니다.

 다만, 업체를 내가 구하는 경우 문제는 내가 처음부터 다 끝까지 팔로우업을 해야하기 때문에 다른 업무 때문에 힘들다면 이러한 사진 및 원고까지 대행해주는 업체에 맡겨도 됩니다. 대행업체를 찾는 것이 고민이라면, 우선 사업자 등록을 하고 네이버 지도에 내 업체가 뜨는순간 매일 3~5통의 광고전화를

받게 됩니다. 이러한 업체들 중에서 선택해서 진행하면 됩니다. 가격은 한달 30~50만원내외입니다. 다만, 대행 업체가 계약이나 결제 후에는 태도가 달라질 수 있기 때문에 너무 업체를 믿지말고 모집이 늦어지거나, 후기가 늦게 올라오거나, 맘에 안들면 바로바로 피드백을 해줘야 합니다. 대행사의 경우 또한번 대행을 주는 대대행사의 경우도 있기 때문에 이들이 실제 대행사인지 또 실행사를 둔 대대행사인지 확실히 파악을 해야합니다.

참고)

파창사창업 파티룸 세미나 맛보기 3탄)장대표님의 파티룸마케팅과 앞으로의 비전

https://youtu.be/h_uIB9rXS6A

Question

07

파티룸 가구 배치를 어떻게 해야 더 좋은 포토존을 만들까요?

모방은 창조의 어머니라고 했습니다. 저희가 했던 방법은 가장 잘되는 파티룸 5군데를 직접가서 각 사진을 100장이상 촬영해 그 제품과 소품을 그대로 옮겨왔습니다. 그리고, 핀터레스트, 오늘의 집, 인스타 그램, 에어비앤비등에서 파티룸관련 사진을 1,000장이상 보면서 머릿속에 디자인을 입혀보았습니다. 그렇게 익혀도 모든 건물의 구조와 방향, 창문의 위치가 다르기 때문에 다른 유형의 느낌이 나올 수 밖에 없습니다. 포토존은 한 개만 잡아서 욕심을 부리지 않는 것이 좋고 색감은 특별한 것이 없다면 흰색과 검은색을 하시는 것을 추천드립니다.

참고)

* 가구 및 가전 구매처 - 네이버, 쿠팡, 오늘의 집, 이케아, 카페에떼르, 다이소

* 포토존 제작 관련 구매처 - 파티붕붕

파티룸 코로나 시대의 진정한 FLEX_한강뷰 보이는 곳에서 여유를

https://youtu.be/Eag-EXp3Pm4

Question

08

내부 인테리어 진행은?

 대부분 임차를 해서 파티룸을 사용하기에 외부 인테리어 포기 해야합니다. 내부인테리어는 온라인 업체인 "인기통"인 네이버 카페에 시공업체들을 알아보고, 공사일정까지 확정하는 것이 일반적입니다. 또는 부동산을 통해서 주변 인테리어 업자를 소개 받는 것도 좋은 방법중에 하나입니다. 〈파티앤 강변〉도 인테리어 과정을 유튜브에 공개를 했는데 셀프로 진행하면 좋기는 하지만 일정이 계속해서 늦어질것이기에 가능한 전체적인 일정을 가지고 한번에 진행을 하는 것을 추천드립니다.

 그리고 인테리어 업체들을 알아보면서 알게된 것은 한 인테리어 업체에 조명과 가벽, 마루설치를 다 맡긴다고 인건비가 절약되지 않습니다. 그 업체도 외주를 주기 때문이었습니다. 제가 알아본 몇군데 종합 인테리어 업체들은 한 분야는 전문적으로 합니다. 그래서 그 분야는 직접합니다. 하지만 다른시공분야는 해당분야 전문 인테리어업체한테 외주를 주는 식으

로 운영되었습니다. 그러다보니, 제가 기대했던 인건비 절감의 효과는 없었습니다. 심지어 종합인테리어업체의 견적이 더 비싸서 결국 다 따로따로 맡기기로 했습니다. 이럴 경우는 시공일정을 더 신경써서 맞춰야 합니다. 시공일정은 2주정도 진행이 됩니다. 철거의 경우 주말에만 가능하고, 평일에는 도배 및 시공을 가능하게 합니다.

참고)

서울 파티룸 창업 포기하고 싶었습니다...관리사무소 때문에요ㅜㅜ

https://youtu.be/qzi7hDLdbCI

파티룸 인테리어 첫삽을 떴습니다. 변화의 과정을 지켜봐주세요!

https://youtu.be/cNlLSZUALnY

Question

09

인테리어 업체 선정하기

 직장을 다니시면서 파티룸을 준비하시는 분들은 조금 비싸더라도 종합인테리어 업체에게 맡기는 것을 추천합니다. 종합인테리어도 차이가 있기때문에 3 ~ 5곳에서 견적을 받아보고 결정하면 좋을 것 같습니다. 견적을 받기전에 최대한 원하는 내부 인테리어 사진들을 모으고 확정한다음 이렇게 하고 싶다고 얘기하면 좋을 것 같아요.

 디테일한 견적을 받기 위해서는 최대한 공간사진일 디테일하게(다양한 각도에서) 찍고, 도면도를 실측한 길이에 비례해서 구체적으로 제작을 해서 그 자료들을 보내줘야 합니다. 그래야 가견적이라도 내주지 전화해서 견적알아보려고 한다고 하면 십중팔구는 공간을 봐야 견적을 낼 수 있다고 얘기를 할 껍니다. (틀린말은 아닙니다. 하지만, 도면도와 사진이 있으면 극복?할 수 있습니다.) 몇몇의 업체들은 견적을 내러 방문을

해야하니깐, 별도의 견적비를 요구하거나. 자기한테 맡겨야지만, 방문견적을 내주겠다는 업체들도 있습니다. 별도의 견적비나 계약확정을 요구하는 업체는 거르면 됩니다.

인테리어 업체에 연락하기 전에 오늘의 집에서 인테리어에 대한 팁들(공사방식과 재료 등)과, 지역 인테리어 업체, 예상 견적 등을 참고하는 것을 추천드립니다. 또한 견적차이가 별로 안난다면, 가까운 업체를 추천드립니다. 그래야 문제생겨서 A/S 받을 때 금방금방 받을 수 있어요. 마지막으로 A/S에 대한 부분도 꼭 짚어주세요. 보통 1년은 해줍니다.

파티룸창업하는 이들이 꼭 봐야할 파티룸 창업 6단계 체크리스트
https://www.youtube.com/watch?v=rbBy53uX7zE

Question

10

마음에 드는 상가의 높이가
2.6m정도인데,
높이를 4m가량으로 높이면
충분히 파티룸의 높이감이
나오는지 혹시 알 수 있을까요?

2.6m도 파티룸으로 이용은 가능한데 확실히 높이가 4m가 되면 더 넓어 보이고, 조명도 더 다양한 것을 설치할 수 있는 장점이 있습니다. 하지만 높이가 높아지면 냉난방기기도 더 용량이 큰 것을 배치해야 하고, 그로 인해서 초기 창업비용과 전기세 등이 더 들어갈 수 있습니다. 높이를 올리는 공사비용 또한 창업비용을 높이는 요소입니다. 높이를 올리려면 건물주의 허락과 나중에 사업을 정리할 때 원상복구를 해줘야 하는 점도 참고하시면 좋을 것 같습니다.

참고)

파창사 1호 파티룸 인테리어 견적 내보고 왔습니다. 한숨만 나옵디다.

https://youtu.be/qHMvBm5Vc6o

Question

11

파티룸 예약 중
어떤 목적이
가장 많은가요?

생일파티 목적 예약이 가장 많은 것 같습니다. 결혼은 한번 하지만, 생일은 매년 있으니깐요! 특히 파티룸이 점점 대중화되고 있는 요즘 파티룸을 빌려서 생일파티를 하는 비율도 높아진 것 같습니다. 특히나 독립공간에서 내가 직접 룸을 꾸미고 다양한 사진촬영과 단독파티를 하고자 하는 수요가 늘어나면서 파티룸의 수요가 늘어나고 있는거 같습니다.

참고)

소중한 사람과 행복한 시간, 파티앤강변에서 해보시는건 어떨까요?

https://youtu.be/n-UcW8-uiGw

Question

12

파티룸에서 필요한 유료옵션과 무료옵션은 무엇이 있을까요?

　유료옵션은 추가금을 받고, 풍선(해피버스데이 스펠링 풍선 등)과 각종 아이템(꼬깔모자, 케익트레이, LED초 등)을 제공해주는 것이고, 무료제공은 위의 유료옵션에서 제공해주는 것을 무료로 제공 및 세팅해주는 겁니다. 먼저, 유료옵션부터 살펴보겠습니다. 유료옵션의 가장 큰 장점은 추가수익이 발생한다는 점입니다. 실제로 1호점의 경우는 3만원 추가옵션이 있습니다. 생일파티 용품중에 브라이덜 샤워용품과 겹치는 용품들이 있어서 비용도 절약되고, 3번정도 옵션이 판매?되면 그 때부터는 '옵션추가금 = 수익'이 됩니다. 단점으로는 '추가업무'가 생긴다는 점과 다른 무료제공 업체들 사이에서 경쟁력이 떨어진다는 점, 그리고 파티용품 구매를 위해 추가비용이 발생한다는 점이 있습니다. 유료옵션의 핵심은 유료옵션을 선택했을 때와 그렇지 않았을 경우의 차이가 추가비용이 아깝지 않을 정도로 많이 나야 한다는 점입니다.

　다음은 무료세팅입니다. 유료옵션과 반대라고 생각하면 됩

니다. 장점은 경쟁력 강화입니다. 단점은 소품세팅을 해주게 되면 추가업무가 발생한다는 점과 옵션상품 판매로 인한 추가 수익이 발생하지 않는다는 점이 있습니다. 개인적인 관점에서는 유료옵션보다는 무료세팅을 추천하며, 이용자가 셀프로 세팅하게끔 하는 것을 추천합니다.

참고)

파티룸 용품 과연 어떻게 준비되어 있을까요?

https://youtu.be/IF3wl4PzY7k

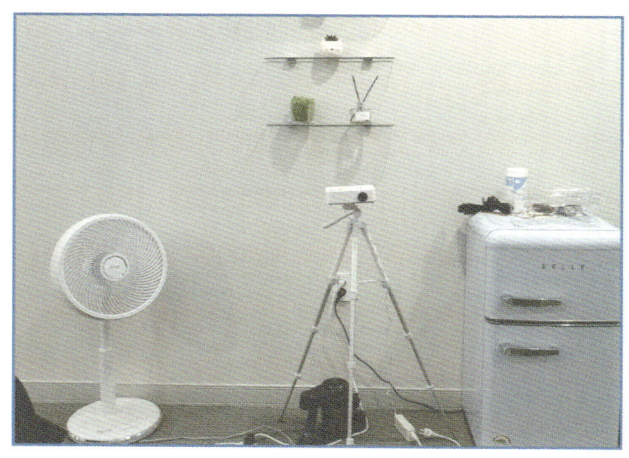

Question

13

자주 사용하는 브라이덜샤워 소품은 뭐가 있나요?

　브라이덜 샤워 용품으로는 스펠링 풍선, 반지 및 하트모양 풍선, 어깨띠, 티아라(왕관), 부케, 베일, 화관, 꽃팔찌 등이 있고, 테이블 아이템인 LED초, 트레이, 파티접시, 와인잔 등이있으면 좋습니다. 3월에 기존의 아이템 중에 교체나 추가구매를 해주면 됩니다.

참고)

파티룸 용품 과연 어떻게 준비되어 있을까요?

　https://youtu.be/IF3wl4PzY7k

Question

14

주거용 오피스텔에서 파티룸을 해도 될까요?

주택이나 오프스텔에서도 파티룸을 할 수 있습니다. 하지만, 저는 주택이나 오프스텔에 파티룸을 하지 않을겁니다. 첫 번째 이유는 '소음 민원'입니다. 주택이나 오피스텔은 민원문제가 가장 큰 문제입니다. 저는 상가주택도 추천하지 않습니다. (소음민원이라는게 위아래 뿐만 아니라. 옆집, 대각선, 윗위집에서도 들어올 수 있습니다.)

소음을 통제하는 방법은 환경을 통제하는 방법과 이용자를 통제하는 방법 2가지가 있습니다.

환경을 통제하는 방법으로는 상가를 선택하는 방법 방음 인테리어를 하는 방법이 있습니다.

이용자를 통제하는 방법은 겁을 주는 방법 (민원이 들어오면 청소 보증금을 환급해 주지 않는다는 식의) 부탁하는 방법 (10시 이후에는 음악을 크게 틀지 말아 주세요.. ㅜㅠ... 식의)

 어떤 방법이 효과가 높을까요? 단연 환경을 통제하는 방법입니다. 사실 주택이나 오피스텔에 파티룸을 하는 것 자체가 환경은 통제하지 않고, 이용자를 통제하겠다는 겁니다.그런데 사람들이 파티룸을 이용하는 이유는 바로 자기들끼리 모여서 눈치 안 보고 떠들고 놀기 위해서입니다. 이것이 바로 이용자들의 니즈에요. 그런데 그렇게 못하게 한다? 민원이 들어올 때마다 이용자에게 전화를 해서 민원이 들어왔으니 조용해달라고 한다? 이용자의 만족도가 높을까요??? 두 번째 이유는 '관리'입니다. 1층에 관리실이 있거나, 1층에서 비밀번호를 입력하고 들어가야 하는 오피스텔의 경우는 이용과정에서 이용자에게 1층 비밀번호를 알려주거나, 직접 열어줘야 합니다. 1층 비밀번호를 알려주면 건물주와 관리실에서 싫어합니다. 자꾸 새로운 사람들이 들락날락하면 보안이나 관리입장에서 불편하니깐요.(당연하다고 생각합니다.) 세 번째 이유는 사업자등

록이 어렵다는 점과 층고가 낮다는 점입니다. 주택 및 오피스텔에서 파티룸을 하시기로 결정했다면, 위에 언급한 3가지 단점들을 어떻게 최소화할지, 반대로 장점들(주방, 화장실 등)을 어떻게 극대화 할지에 대한 많은 고민들이 필요할 것 같습니다.

참고)

파창사 파티룸 창업의 최종 목표는? 착한 건물주입니다

https://youtu.be/Ca0AwzWUOb4

Question

15

파티룸 창업도 정부지원금 받을 수 있나요?

네, 파티룸은 정부의 창업지원금을 받을 수 있습니다. 최고 3천만원이 가능하고 이 경우 무자본 창업이 가능합니다. 지원금을 받기위해선 서울신용보증재단의 보증이 필요합니다. 서울신용보증재단이 발급해준 보증서는 은행에서 신용담보로 이용할 수 있습니다. 서울보증재단에서 필요한 서류 등을 친절하게 안내해 주시고 자치별로 재단이 있으니 방문하셔서 상담해보시는 걸 추천합니다.

참고)

파티룸 무자본으로 창업가능합니다_정부지원금 활용사례

https://youtu.be/RneYLjqKp7E

Question

16

파티룸에도 진상 고객이 있나요?

술을 드시다 보니 정신없으셔서 퇴실하실 때 정리나 쓰레기를 제대로 안 치우고 가시는 분들이 몇몇 있습니다. 이런 경우에는 청소 보증금을 받는 방법밖에는 없지만, 청소 보증금을 환급받지 못하는 것에 불만을 제기하는 고객이 있다면 보증금 추징 대신 후기작성을 요구하는 것도 방법입니다.

참고)

파티룸 청소, 이 정도로 살벌하게 하는 분 보셨나요?

  https://youtu.be/fDEh-0gd6FU

파티룸 사용시 꼭 이것만은 지켜주세요!_쓰레기, 기본 예절 매너!

  https://youtu.be/hwD8rvKs4OI

파티룸창업후 진상고객 대처하는 방법은_파티앤강변

  https://youtu.be/kQFrLYO6Qjg

Question

17

파티룸 청소년도 예약 가능한가요?

청소년보호법에서 청소년 혼숙 목적의 공간대여를 엄격하게 하고 있습니다. 그렇기 때문에 자세한 파티룸 규칙 사항들을 안내해드려야 하는데요. 첫 번째로 청소년은 오후 9시, 10시 이후로 입실 불가하다는 점, 두 번째로 청소년은 실내 주류나 담배 반입 불가하다는 점 등을 예약 전에 안내해주시면 되겠습니다. 이렇게 안내해주시면 나중에 법적인 문제가 생기더라도 업주에게 유리하게 작용할 수 있습니다.

참고)

파티룸 청소년 예약가능할까요?_19세 미만 손님은 많을거 같은 동네는 꼭 보세요

https://youtu.be/ZGURkzke2Bw

Question

18

파티룸 창업 어떻게 시작해야 효율적인가요?

최근에 경제가 어려워지면서 파티룸 창업을 시작하는 분들이 늘어나고 있습니다. 파티룸 창업은 10평에서 50평까지 다양한 비즈니스를 만들어낼 수 있습니다만, 가능한 적게 시작하는 것을 추천드립니다. 10평기준으로 3천만원의 투자금이 필요합니다. 예를 들어 저희 파티앤 강변도 20평기준으로 5천만원의 투자금이 예상되었습니다.

보증금 3천에 월세 200만원, 추가 인테리어 비용이 2천만원 들었습니다. 이러한 상황에서 조금더 크게 가야하는지 아니면 작게 가야하는지 고민이 되었습니다. 결국 비용을 줄여야한다는 생각에 20평에서 10평으로 비용을 줄이기로 했고, 결국 지금에서는 가장 잘한 선택의 하나가 되었습니다. 비즈니스라는 것은 항상 지속가능성을 따져야 하므로 수익률이 가장 중요하다. 파티룸 수익률은 계산하는 것이 아니라 극복하는 것이다. 즉, 단순하게 수익률을 계산해서 그 수익률에 만족하지 말고

컨설팅이든 인테리어든 가능한 범위에서 어떤 변화를 취해서 수익률을 극복하라는 말이다. 내가 '할 수 있는 것'과 내가 '할 수 없는 것'을 구분하고 할 수 있는 범위에서 극복 방안을 고민하고 개선해 나가는 것이 결국 수익률과 직결된다.

참고)

파창사 1호 파티룸 인테리어 견적 내보고 왔습니다. 한숨만 나옵디다.

https://youtu.be/qHMvBm5Vc6o

Question

19

파티룸 입지를
찾는 방법은 어떨까요?

첫 번째, 다른 파티룸과 차별화 전략을 두어야 합니다. 예시로 파티앤강변의 강변의 경우, 차이를 고민하면서 서울의 야경 한강뷰는 전 세계인이 뽑은 베스트 명소인점을 감안해 한강뷰가 보이는 위치에 파티룸을 창업했습니다. 두 번째는 차별화와 연결되는 인테리어입니다. 차별화 전략이 한강뷰라면 한강뷰를 극대화시킬 수 있는 조명과 인테리어를 하는 것이 좋겠습니다. 세 번째는 넓은 공간입니다. 공간이 넓을수록 파티룸 컨셉에 맞기도 하고 보통 10평으로 많이 파티룸을 운영하시는데 이런 경우 성인 남자 세 명만 들어가도 좁은듯한 느낌이 들 수 있어 공간의 넓이도 중요하다고 볼 수 있습니다. 마지막으로는 주차와 편의성이 중요한데요, 파티룸의 경우 보통 차량을 가지고 오는 분들이 많이 있기 때문에 주차는 매우 중요합니다. 특히나 역세권보다는 주차장 등의 접근이 매우 중요합니다. 파티앤 강변의 경우도, 10군데 이상의 입지중에 강

변테크노 마트를 선택한 이유는 주차비용을 내서라도 언젠든지 주차를 할 수 있는 주차의 확대성과 편의성이 중요합니다. 또한 지하 1층에 롯데마트가 있어서 저녁 12시까지 다양한 음식을 살 수 있는 부분이 있기 때문에 이러한 주변 편의시설이 존재여부는 매우 중요합니다.

참고)

파티룸창업5탄_파티룸창업 프랜차이즈 어떻게 선택할까요?

https://youtu.be/dUHzRWdBy2M

서울권 파티룸이 갖춰야할 주변환경 분석해봅니다

https://youtu.be/C6ABzQHXvMk

Question

20

파티룸 청소와 CCTV 어떻게 하나요?

에이비앤비와는 달리 시간대별로 최소 하루 1번, 많게는 3번까지 청소를 해야합니다. 그렇기에 가능한 집에서 가까운 곳에 파티룸을 진행하는 것을 추천드립니다. 이후에는 1개 파티룸에 대해서 청소를 맡기는데는 보통 1만원, 3개 이상의 경우는 그 5천원으로도 충분히 청소가 가능합니다. 알바를 쓰실 경우 대략 만 원 정도 비용이 발생하고 '쑨' 어플로 알바를 구하시면 되지만 일률적이지 않기에 빠르게 지점을 늘려서 CCTV는 대부분 고객의 프라이버시를 위해 입구만 비추게 설치해놓습니다.

참고)

투잡을 생각하는 당신에게 파티룸을 추천드리는 이유

 https://youtu.be/AfRmDBfBSPo

파티룸 창업 방역소독과 청소는 이 정도로 해야합니다

 https://youtu.be/t-tKbKOmvOo

Question

21

파티룸에 노래방 기계, 안마의자 보드게임등을 두는 것은 어떤가요?

파티룸에 다양한게 즐길 수 있는 것을 좋은 방법입니다. 노래방기계의 경우 30만원, 모니터의 경우 30만원등이 들어갑니다. 총 60만원을 투자할만한 가치가 있는지는 단체손님 한 팀을 맞이할 경우의 수익률을 확인하시면 됩니다. 다만, 방음이 되지 않는 지상에 있는 파티룸은 소음 때문에 노래방 기기 설치가 힘들다보니 보통 지하에 위치한 파티룸에 기계를 두시고 노래방을 사용하시는 수요는 대부분 MT, 워크샵입니다. 안마의자도 렌탈을 할 경우 한달 3~5만원사이입니다. 안마의자가 있다고 해서 꼭 내 파티룸을 선택하는 것은 아니니, 이점을 유념하셔서 수익률 계산에 넣으시면 됩니다.

참고)

저렴하게 한강 호캉스 즐기기

https://youtu.be/CrG_I_YoASw

Question

22

파티룸은 숙박업으로 사업자 등록을 내나요?

파티룸은 숙박업이 아닙니다. 에어비앤비와 많이들 헷갈려 하시는데 파티룸은 스튜디오 또는 촬영장으로 사업자 등록증을 발급합니다. 그래서 침대, 침구류, 세면도구 등 숙박에 필요한 시설은 일체 구비하고 있지 않습니다. 다만 파티 중 편의시설로 작은 소파와 작은 무릎담요 정도만 구비되어 있습니다. 올나잇을 할때도 숙박을 전제로 손님을 받지 않습니다.

참고)

파티룸창업3탄_파티룸창업 과거 vs 현재 vs 미래 어떻게 변할까요?

https://youtu.be/jMHKSV9g-oM

Question

23

**파티룸 창업은
서울이 아닌 수도권,
지방에서도 가능할까요?**

　네, 에어비앤비와 비교해서 생각하시면 좋습니다. 에어비앤비의 경우에도 처음에는 홍대, 서울쪽에만 가능하다고 생각하고 그곳에서 시작한 사람들이 처으사람들이 가장 흔하게 하는 착각 중 파티룸은 서울만 잘될거라는 생각입니다. 하지만 에어비앤비도 가장 큰 매출을 올리는 일반인 슈퍼호스트가 있는 곳은 서울이 아닌 지방인 경우가 많습니다. 파티룸도 서울 외에 다양한 지역에서 충분히 적용할 수 있는 여지가 있고 현재 지방 파티룸 창업은 블루오션이라고 생각합니다.

참고)

파창사가 추천하는 다섯가지 파티룸 뷰(노을뷰/한강뷰/일출뷰/그린뷰/오션뷰)

　https://youtu.be/cySQVbOxPCk

Question

24

파티룸 손님들 주차는 어떻게 하나요?

파티룸 장소들 중 주차가 불가능한 곳들이 있는데요 이런 곳들의 경우 장비운반이 필요한 촬영 스튜디오 목적의 고객을 받는 것이 힘들다고 보면 됩니다. 간혹 촬영을 위해서 파티룸 대여하시는분들도 있는데 주차 여부를 꼭 물어봅니다. 일반 파티룸음의 경우 대중교통 이용 3명당 주차는 1분의 비율로 파티룸 주차장을 활용합니다. 파티룸이 위치한 건물의 일일 주차권을 구매하셔서 판매하시면 저렴한 가격에 손님들도 주차장 이용하실 수 있게 해드리는 것도 방법입니다. 파티룸 창업 위치를 선정하실 때 주차공간 확보도 중요한 요소 라고 생각합니다.

참고)

한 건물에서 모든 것을 활용 가능한 파티룸 입지를 찾는게 중요합니다

https://youtu.be/jMWYsqKFJzY

Question

24

직장인도 파티룸 창업할 수 있을까요?

 네, 충분히 가능하며 파티룸 창업하신 분들 중 많은 분들이 회사 다니면서 파티룸 창업을 했습니다. 직장 다니면서 투잡으로 큰 노동력이 들어가지 않는 파티룸이 투잡 하시기에 좋은 업종으로 추천드리고 있습니다. 일단 회사 다니면서 주중 저녁 또는 주말 시간에 파티룸 창업 장소를 먼저 알아보시기를 추천 드립니다. 파티룸 창업 시 소요되는 기간은 통상 3개월 정도 소요되니, 파티룸 장소 선정만 된다면 인테리어, 마케팅, 청소알바 등은 동시에 준비해도 충분히 3개월 안에 준비 가능합니다. 마케팅 부분에서 보면 들이는 시간대비 효과가 나오는게 파티룸입니다. 이에 입지를 선정하실 때 미리 마케팅에 대한 생각을 하고 시작을 하면 좋겠다는 생각을 합니다. 파티룸의 경우 갈수록 비대면을 원하는 고객들이 많아 청소 및 CS를 위한 전담 직원을 한명 두면서 자동화 시스템을 만들면 쉽게 운영도 가능합니다. 결국 본인만의 자동화 시스템을 만

들면 쉽게 2~3호점으로 본인만의 파티룸 브랜드를 확장 할 수 있습니다. 파티앤 강변 윤영현 대표님도 직장 다니면서 파티룸 창업을 시작했습니다.

참고)

파티룸 창업하는 이들이 꼭 봐야할 파티룸 창업 6단계 체크리스트

https://youtu.be/rbBy53uX7zE

파창사 윤대표의 파티룸 창업할 때 주의해야할 사항들

https://youtu.be/ASjIyQbFxVk

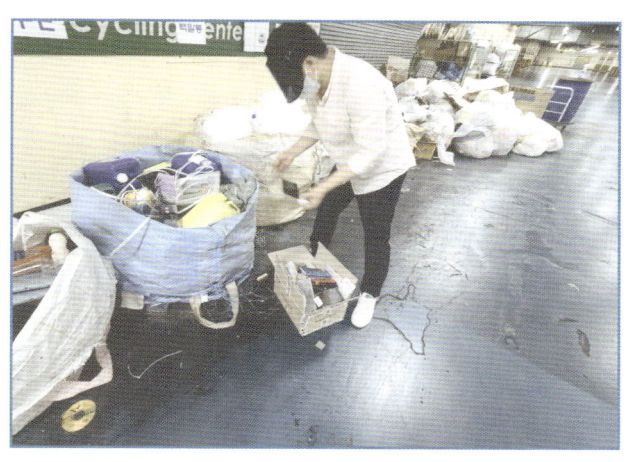

Question

26

기존 에어비앤비 방을 파티룸으로 변경해도 수요가 있을까요?

많이 물어보시는 질문중에 하나입니다. 다만 파티룸은 에어비앤비에 비해서 입지가 중요하고 소음민원이 많이 발생하기에 이부분을 고려해야합니다. 또한 에어비앤비의 경우 마케팅을 할 수 있는 대표적인 플랫폼이 있지만 파티룸은 아직 대표적인 플랫폼이 없습니다. 이러한점을 고려했을 때 단순 활용방안을 바꾼다고 해서 고객들이 찾아올 수 있는 구조는 아닙니다. 파티룸은 또한 4명이상의 여성 또는 혼성의 인원이 상당시간 이야기나 파티를 하는 공간이기 때문에 주변과의 조화도 잘 고민하셔야합니다.

참고)

파창사창업 파티룸 세미나 맛보기 1탄)윤대표님의 파티룸은 이런 것이다!

https://youtu.be/8wGCpEs_U54

Question

26

**파티룸에서 가장 중요한건
인테리어 인가요?
마케팅인가요?**

숙박업의 대표적인 에어비앤비와는 다르게 파티룸의 경우에는 예쁜 인테리어와 함께 바이럴 마케팅이 필요합니다. 또한 CS도 에어비앤비와 달리 물어보는 요소가 한정되어 있지 않고 다양한 요소를 물어보기 때문에 인테리어만 잘되어 있다고 끝나는 사업이 아닙니다. 가장 중요한 뷰나 포토존을 하나 만들어두고 이를 바탕으로 마케팅을 해나가는 것을 적극적으로 추천해드립니다.

마케팅의 순서의 경우에는 우선 브랜딩 이름을 정하고 이후에는 이를 위한 블로그/ 카페 마케팅을 진행한 후에 이를 바탕으로 인스타와 유튜브 마케팅을 적극적으로 진행하면서 다양한 포털사이트 숙박업에 등록하시면 됩니다.

참고)

파티룸창업 인테리어냐 vs 마케팅이냐! 그것이 문제로다

https://youtu.be/_qB39HZsu5U

Question

28

오피스텔 VS 파티룸

오피스텔의 평균 대출 60%를 기준으로 했을 때 수익률은 5% 내외 파티룸에서 반정도만 예약이 찼다고 해도 30%의 수익률이 나오기 때문에 수익률 차이가 납니다. 비록 오피스텔은 손품이 덜 들어가고, 공실율이 월별로 차이가 있지만 파티룸은 내가 관리해야하는 부분이 많이 있기에 사업적인 마인드를 함께 가지고 가야 합니다. 파티룸의 경우 공실이 있는 오피스텔을 활용할 수 있는 아이템이며 기존 공실이 있다면 낮은 투자금, 높은 수익률, 다양한 고객등 세 마리 토끼를 잡을 수 있는 블루오션 아이템입니다.

참고)

파창사창업 파티룸 세미나 맛보기 1탄)윤대표님의 파티룸은 이런 것이다!

https://youtu.be/8wGCpEs_U54

Question

29

파티룸 마진율은 얼마인가요?

파티룸의 마진율(=순이익/매출액)은 파티룸 비즈니스의 비용구조상 매출규모에 따라 달라집니다. 파티앤강변 본점의 경우 약 33%를 기준으로 운영하고 있습니다. 파티룸의 비용은 매출과 상관없이 일정한 고정비와 매출액에 따라 변동하는 변동비로 나누어집니다. 임대료, 관리비, 통신비 등은 월 매출과 상관없이 발생하는 고정비이고 각종 판매 수수료, 소모품비 등은 파티룸 이용자가 많아져 매출이 증가하면 같이 증가하는 변동비 성격입니다.

파티룸은 고정비가 차지하는 비중이 크기 때문에 월간 손익분기점을 넘었다면 매출액이 증가할수록 마진율은 증가하게 되는데요. 파티앤강변 본점을 기준으로 다소 보수적으로 접근해보면 월간 점유율이 약 60%정도면 매출은 약 300만원 정도 발생합니다. 여기에 임대료, 관리비, 통신비 등 고정비용이 약

150만원이고, 수수료나 소모품비가 약 50만원정도 발생합니다. 이 때의 순이익은 100만원으로 마진율은 약 33%입니다. 여기서 매출이 약 500만원까지 증가하게 되면 고정비는 150만원 그대로이며 변동비만 80만원으로 증가한다고 가정하면 순이익은 54%까지 증가하게 됩니다. 파티룸의 마진율은 파티룸의 위치, 규모, 고객특성, 마케팅 방법 등 너무 많은 변수에 의해 영향을 받습니다. 따라서 전문가와 상담을 이런 변수들을 어떻게 셋팅하고 어느 정도의 수익을 목표로 할지 사전 조사와 검토가 반드시 필요합니다.

참고)

파티룸창업5탄_파티룸창업 프랜차이즈 어떻게 선택할까요?

https://youtu.be/dUHzRWdBy2M

Question

30

파티룸을 창업하는데 가장 중요한 요소는?

 아파트를 보든, 부동산을 보든, 지식산업센터를 보든, 어딜 가든, 제일 중요한 것은 입지라고 생각합니다. 파티룸에서 차별화 요소를 둘 수 있는 최종 한가지는 바로 뷰라고 생각합니다. 뷰에는 도로뷰, 마운틴뷰, 숲뷰등 다양한 뷰가 있지만, 인테리어업자나 파워블로거들이 말하는 최고의 인테리어는 한강뷰입니다. 몇조원을 들여서 건설한 한강을 내가 마치 파티룸을 위해서 만들어낸것처럼 만들 수 있는 뷰가 파티룸에서 가장 중요한 요소라고 생각합니다.

 특히나 파리나 다른 유명도시처럼 서울 한강 야경, 이것은 아무도 못따라가는 매력적인 요소입니다. 같은 서울이어도 한강이 보이는 서울의 아파트값이 왜 몇배로 비싼지 그 이유를 알 수 있는 것이죠. 개인이 인테리어를 아무리 많이 해도 한강을 대체할 수 있는 품목은 없습니다. 즉 대체제가 없다는 것입니다, 한강이라는 한정적인 자산을 무한적으로 만들어 낼 수

없다는 것입니다. 이러한 뷰와 인테리어가 완성이 된 이후에는 마케팅전략에서 서로 차이를 만들어 낼 수 있습니다.

참고)

파티룸입지가 정말 중요할까요? 파티룸 입지에 대한 모든것

https://youtu.be/_o5lezJndvk

파티앤강변 요금표

	주간 (12~17시)	야간 (19~23시)	올나잇 (19~익일8시)
월~목	59,000	89,000	109,000
금	59,000	139,000	159,000
토	89,000	139,000	159,000
일	89,000	89,000	109,000

Question

31

파티룸 슬리퍼 상권이 무엇인가요?

슬리퍼 상권은 내 집처럼 편하게 다닐 수 있는 곳을 말합니다. 이해하기 쉽게 설명하자면 눈, 비오는 날 밖에서 움직이기 싫은데 모든 곳이 에스컬레이터 및 엘리베이터로 연결되어 있거나 파티룸이 있는 건물에 음식점, 편의시설 등이 있다면 슬리퍼 신고도 원하는 곳 어디든 갈 수 있다는 것입니다. 강촌에 펜션에 MT나 여행을 갈 때 청량리역 롯데 마트에서 술과 고기를 한가득 사서 열차에 실고 가는 것이 아니라, 펜션 바로 입구에 롯데 마트가 있다면 얼마나 편할까요? 이러한 점 때문에 요즘에는 코로나 19로 인해 도심 팬션, 호캉스가 트렌드이기 때문에 슬리퍼을 많이 찾고 도움이 되는 것입니다.

참고)
파티룸 창업하는 이들이 꼭 봐야할 파티룸 창업 6단계 체크리스트
https://youtu.be/rbBy53uX7zE

Question

32

**파티룸 준비하면서
가장 어려움이
예상되는 것은
무엇이 있을까요?**

파티룸에서 쉬워 보이면서도 어려운 것이 바로 인테리어입니다. 인테리어 비용을 보통 평당가격으로 계산을 하는데 임대용 사무실의 경우 평당 100만원 이하로 비용을 잡는 반면 파티룸 인테리어의 경우 평당 150만원(실평수 기준) 10평기준 1,500만원을 잡습니다.

이때 본인이 얼마나 인테리어에 대한 지식이 있느냐에 따라서 셀프로 할 수 있는 부분이 분명히 있으므로 단순 업자에게 통으로 맡기기 보다는 하나씩 따로 떼어서 맡기는 것을 추천드립니다.

진상고객을 다루는 방법
파티룸 사용하기 위해서 지켜야하는 20가지 규칙_예비 창업자들 필독!

https://www.youtube.com/watch?v=QjPRXRUPvyE

Question

33

파티룸 인테리어를 할 때 가장 중요한 것은 무엇인가요?

가장 중요한 것은 우선 조명과 포인트 지점입니다.입니다. 파티룸 이용 목적에 따라 다양한 조명을 설치를 하는데 가능한 여러곳에 다양한 조명을 설치해야합니다. 또한 사진을 찍는 것이 주된 목적이므로 포토존을 위한 포지션을 어디에 중점을 두어서 인테리어를 하는지도 중요한 요소중에 하나입니다. 디에다가 파티용 풍선을 달면 좋고 어디에 빔 프로젝터를 쏠 수 있고 어디에 서서 사진을 찍으면 우리 파티룸만의 장점을 다 보여줄 수 있는지, 좋은 점이 부각되는지를 미리 생각해보고 배치를 하는 것 또한 중요합니다.

참고)

파티룸창업6탄_파티룸창업 실제 사용해보니 눈에 보이는것들_파창사

https://youtu.be/3BJQXGaguJo

파티룸 인테리어를 하려면 당신이 알아야할 기본적인 사항들_초보입장

https://youtu.be/9nsstDUSyBI

Question

34

파티룸 창업 지원금은 따로 없나요?

정부에서 지원하는 창업 지원금이 있습니다. 다만 이는 파티룸 창업자만을 위한 것은 아니고, 서울신용보증재단에서 창업자들을 대상으로 창업자의 이력을 보고 진행하는 대출 상품입니다. 이율은 1%내외이며, 최대 3천만원까지 대출을 해주는 경우가 보통입니다. 서울 10평 기준 파티룸을 창업한다고 가정했을 때 약 3천만원이 필요한데, 창업지원금 3천만원을 받으면 무자본 창업도 가능합니다. 보통 1년 거치로 1년동안은 이자만 내고 (10만원미만) 이후에는 원금을 3~5년동안 상환하는 조건입니다. 다만 이돈을 대출이므로 무작정 사용하시기보다는 다양한 경로를 통해서 갚을 생각을 해야합니다.

Question

35

파티룸 예상 잠재 고객은 누가 있을까요?

　파티룸 예상 고객은 다양하게 있습니다. 요즘에는 온라인 콘서트, 온라인 팬미팅, 영화 동호회, 영화 소모임, 온라인 강의 모임, 브라이덜 샤워, 베이비 샤워, 생일 파티, 9시 이후 직장인 모임장소, 회식 장소, 커플 파티룸, 프로포즈 장소, 스터디 모임, 사진, 그림 동아리 모임, MT모임 등이 주요 고객이 됩니다.

Question

36

파티룸 마케팅에서 조심해야하는 것은 무엇인가요?

 파티룸 마케팅은 에이비앤비와는 다르게 가야합니다. 파티룸은 숙박처럼 필수요소가 아니기 때문에 대체재들이 많이있습니다. 이쁘게 꾸민 친구집, 심지어 에어비앤비, 고급 모텔들의 그 경쟁입니다. 이에 마케팅 포지셔닝을 제대로 하는 것이 중요합니다. 추천드리는 것은 인스타그램을 통한 20대 여성 마케팅, 맘카페 홍보를 통한 30대 주부 마케팅, 회사원들을 위한 다양한 공간 활용에 대한 이해도 마케팅등을 통해서 좋은 결과물을 만들어낼 수 있습니다.

Question

37

파티룸 운영에 필요한 플랫폼은 어떤 것이 있나요?

파티룸을 처음 시작할 때 보통 나의 홈페이지가 필요하다고 생각하시는분들이 있습니다. 하지만 홈페이지는 비용이 적게는 100만원에서 많게는 600만원까지 들어갑니다. 이에 홈페이지를 제대로 만드는 전략보다는 당장 진행할 수 있는 인스타그램. 네이버 블로그, 유튜브 플랫폼을 이용하는 것을 추천드립니다. 만약 하나의 SNS에서 파티룸에 대해 알게 되었을 때, 다른 플랫폼에서 이 파티룸에 대해 검색을 해보고 후기나 디테일한 내용이 나오지 않았을 경우 그 고객의 예약으로 이어지기 어렵습니다. 그래서 플랫폼은 꼭 다방면으로 연계해서 활발하게 키워야합니다.

Question

38

실제 후기를 늘리려면 어떻게 해야하나요?

고객의 후기 유형에는 세가지가 있습니다.

첫 번째, 무료 체험을 하게 한 후 후기를 요청하는 체험단 블로그 및 인스타용 고객 후기

두 번째, 실제 비용을 지불한 고객들에게 1만원내외의 비용을 페이백 해주는 것으로 하는 실제 고객 후기

세 번째, 지인 찬스를 통한 후기 이벤트가 있습니다. 직접 다 해보니 두 번째 방법이 가장 효과적이기는 하나 처음부터 실제 사용자의 후기를 이끌어내기란 대단히 어렵습니다. 이에 가능한 첫 번째, 세 번째 방법을 통해서 내 비용을 쓰더라도 후기를 만들어내겠다는 강력한 의지를 가지고 실천을 하는 것을 추천드립니다. 네이버 마케팅과 비교해봤을 때 네이버 파워링크를 한클릭당 1,000원이라고 했을 때 100클릭을 했을 때 1명의 전환이 되는 것이 일반적입니다. 즉 10만원당 고객이 한 명이라고 했을 때 비용은 그리 크지 않다는 것입니다.

Question

39

파티룸 수익 구조에 적합한 운영전략은 어떻게 되나요?

파티룸은 손익구조의 특징이 있습니다. 먼저 매출의 변동성이 상당히 큰 편인데요. 이것은 계절의 영향도 많이 받습니다. 외부에 나갈 수 있는 조건이 많이 되는 여름보다는 겨울과 이벤트가 많은 10월부터 12월까지 파티룸 예약이 많이 있습니다.

그렇기에 평소 고정비를 줄여서 매출이 나오는 시기까지 버티는 것이 중요합니다. 마케팅 전략도 평소에 마케팅 비용을 너무 과도하게 잡아둘 경우, 파티룸을 운영할 때 외부 마케팅 채널에만 너무 의존하면 사업 구조가 외부 충격에 취약해지므로 자체 마케팅 채널도 꾸준히 운영하는 것이 좋습니다. 또 고객의 재방문, 단골 손님으로 만들기 위해 다양한 이벤트를 실행하는 것도 효과적이지요.

Question

40

파티룸 창업이 인기 있는 이유가 무엇인가요?

 파티룸은 스티커 사진처럼 유행을 타지 않는 아이템이라는 이유가 가장 큽니다. 이외에는 항상 그 자리에 있지 않아도 되는 투잡을 겸함 무인 시스템, 비대면 시스템이라 코로나시대에서 불황을 겪지 않는 창업 아이템이라는 이유도 있습니다. 또 20대를 기준으로 놀이 문화로 수요가 증가하고 있는 추세이며 낮은 투자금과 그에 비해 높은 수익률이라는 것 또한 파티룸 창업이 큰 관심을 받고 있는 이유라고 생각합니다.

파티룸창업1탄_파티룸창업 대체 어떻게 시작하나요?(파창사)
https://youtu.be/Yc4Qw4Netdw

파티룸창업2탄_파티룸 입지는 어떤곳에 해야할까요?(파창사)
https://youtu.be/E8kiaSpVMZk

파티룸창업3탄_파티룸창업 과거 vs 현재 vs 미래 어떻게 변할까요
https://youtu.be/jMHKSV9g-oM

파티룸창업4탄_파티룸창업 대체 어떻게 시작하나요?(파창사)
https://youtu.be/6JEVLl6wpeo

1인기업가가 시작하는 파티룸 창업 할만할까요?
https://youtu.be/aV2pkLvUymY

파티룸창업6탄_파티룸창업 실제 사용해보니 눈에 보이는것들_파창사
https://youtu.be/3BJQXGaguJo

파티룸창업5탄_파티룸창업 프랜차이즈 어떻게 선택할까요?
https://youtu.be/dUHzRWdBy2M

파창사가 추천하는 다섯가지 파티룸 뷰
(노을뷰/한강뷰/일출뷰/그린뷰/오션뷰)

https://youtu.be/cySQVbOxPCk

구해줘 피티룸 3탄
2호선과 9호선이 만나는 당산역 파티룸은 어떤가요?
https://youtu.be/-3nHBcPSpr4

구해줘 파티룸 3탄_ 마포역 오피스텔 입지와 수익율 분석
https://youtu.be/_Kazl2y3_iI

파티룸입지가 정말 중요할까요? 파티룸 입지에 대한 모든것
https://youtu.be/_o5lezJndvk

파창사 파티룸 창업 1호_파티앤 강변 뷰입니다
https://youtu.be/TlH-BXKZlu0

창사 1호 파티룸_파티앤강변 하늘공원 어떤가요
https://youtu.be/HHf1y3JTdu8

파티룸 창업 화장실위치와 엘레베이터의 중요성에 대해서
https://youtu.be/dx-b6ANj0Lc

파창사 본점 파티룸창업 1호로 선정한 바로 그곳은!!!
https://youtu.be/XCagESFacQk

5성급 파티룸 강변테크노마트로 파티룸 창업 1호를 정한 이유는?
https://youtu.be/jCM_5JuFrzM

파티룸창업하는 이들이 꼭 봐야할 파티룸 창업 6단계 체크리스트
https://youtu.be/rbBy53uX7zE

파창사 파티룸 창업의 최종 목표는? 착한건물주입니다
https://youtu.be/Ca0AwzWUOb4

파창사 1호 파티룸 인테리어 견적 내보고 왔습니다. 한숨만 나옵디다
https://youtu.be/qHMvBm5Vc6o

처음 시작하는 당신 파티룸이 갖춰야할 조건 1탄
https://youtu.be/4Pl2GDaU42A

파티룸 인테리어를 하려면 당신이 알아야할 기본적인 사항들_초보입장
https://youtu.be/9nsstDUSyBI

파창사 윤대표의 파티룸 창업 할때 주의해야할 사항들

https://youtu.be/ASjIyQbFxVk

서울권 파티룸이 갖춰야할 주변환경 분석해봅니다
https://youtu.be/C6ABzQHXvMk

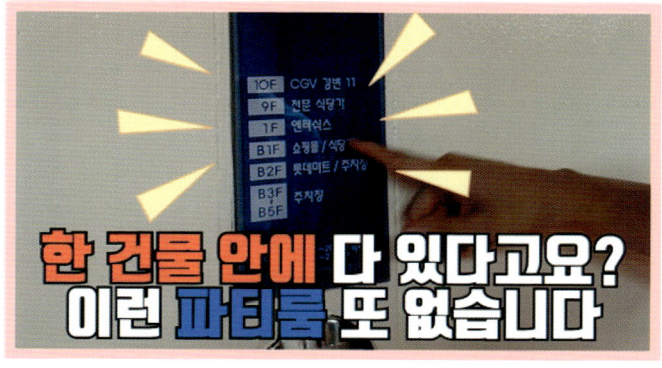

한건물에서 모든것을 활용 가능한 파티룸 입지를 찾는게 중요합니다
https://youtu.be/jMWYsqKFJzY

파티룸이 갖춰야할조건_푸트코트, 대형마켓, 영화관
https://youtu.be/Lm53plhQDOE

차타고 파티앤 강변 파티룸 1호점 가는길! 꼭 보고 오세요
https://youtu.be/_9jGgfBrKBk

서울 파티룸 창업 포기하고 싶었습니다.. 관리사무소때문에요 ㅜ
https://youtu.be/qzi7hDLdbCI

파티룸 인테리어 첫삽을 떴습니다. 변화의 과정을 지켜봐주세요!
https://youtu.be/cNlLSZUALnY

파티룸창업
https://youtu.be/AfRmDBfBSPo

파티룸 인테리어를 할때 가장 중요한것은 무엇일까요?
https://youtu.be/svi_65cuR2k

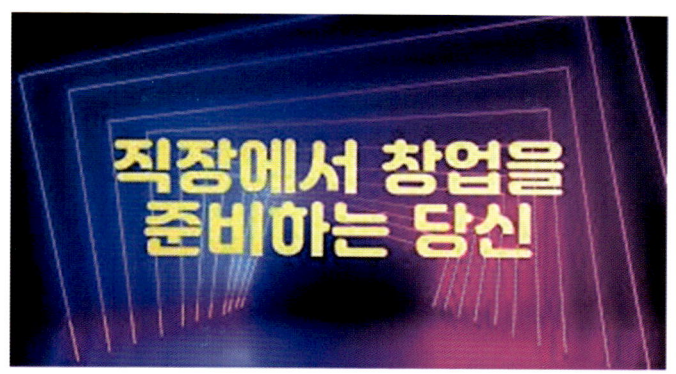

파창사란 무엇일까요? 파티룸 창업의 모든것을 공유해드립니다
https://youtu.be/_ZXk4ZX3o7M

한강뷰 레스토랑 못지않은 파티룸 추천
https://youtu.be/VKEvRYX9dEc

MEMO

MEMO

MEMO

MEMO

MEMO

파티룸창업 자주묻는질문 50가지

초판 1쇄 인쇄 | 2020년 11월 1일
초판 1쇄 발행 | 2020년 11월 3일
지은이 | 도정국, 윤영현, 장영광, 임원재
편집 기획 | 장영광
디자인 | 장찬주
발행처 | 청춘미디어
출판등록 | 제2014년 7월 24일, 제2014-02호
전화 | 010) 9633-1751
팩스 | 02) 6918-4190
메일 | stevenjangs@gmail.com

본 저작물의 저작권은 '청춘미디어'가 소유하고 있습니다.
저작권법에 의하여 한국 내에서 보호를 받는 저작물이므로
무단 전제와 무단 복제를 금합니다.

ISBN 979-11-87654-85-8
책값 9,900원 (구천 구백 원)